まちごとアジア

アルダビール
Iran 010 Ardabil

サファヴィー教主の眠る「聖都」

اردبیل

Asia City Guide Production

【白地図】イラン

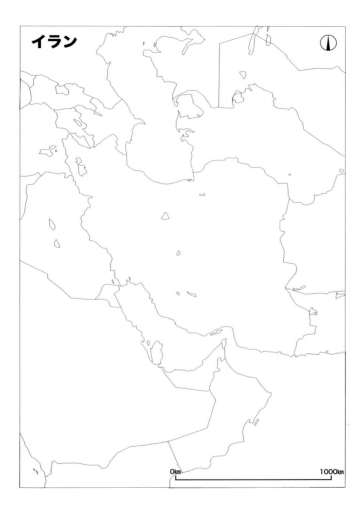

【白地図】イラン北西部

ASIA
イラン

イラン北西部

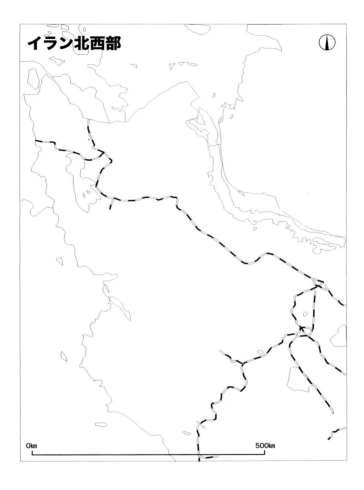

Ardabil 白地図

【白地図】アルダビール

ASIA
イラン

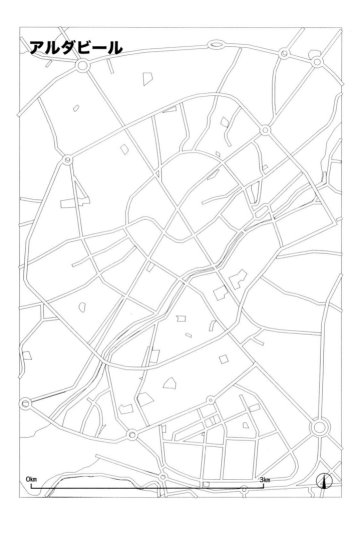

【白地図】旧市街

ASIA
イラン

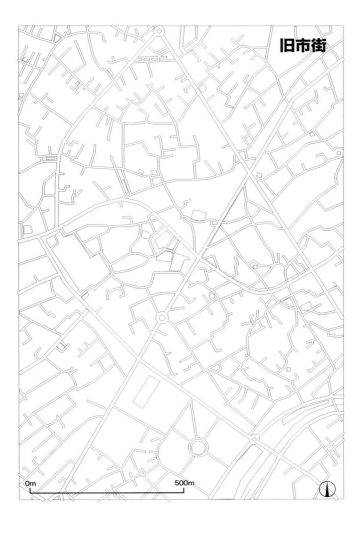

【白地図】シェイフサフィーオッディーン廟

ASIA
イラン

【白地図】アルダビール郊外

ASIA
イラン

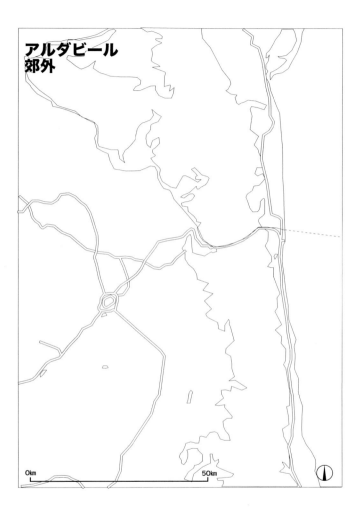

【白地図】アースタラー

ASIA
イラン

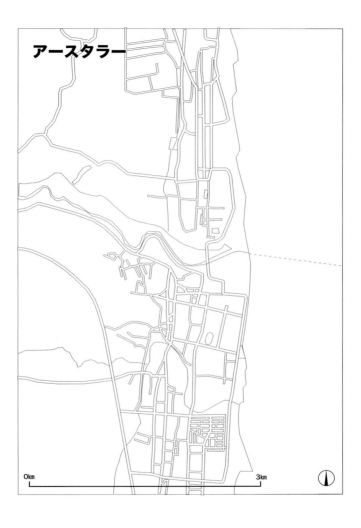

ASIA
イラン

【まちごとアジア】
イラン 001 はじめてのイラン
イラン 002 テヘラン
イラン 003 イスファハン
イラン 004 シーラーズ
イラン 005 ペルセポリス
イラン 006 パサルガダエ（ナグシェ・ロスタム）
イラン 007 ヤズド
イラン 008 チョガ・ザンビル（アフヴァーズ）
イラン 009 タブリーズ
イラン 010 アルダビール

イラン北西部の大都市タブリーズの東、カスピ海南岸へ続くアルダビール州の州都アルダビール（カスピ海から 50 km 内陸に入る）。標高 1100m に広がるこの街は周囲を山々に囲まれ、すぐ北にはアゼルバイジャン共和国との国境がせまっている。

街の起源はササン朝時代にさかのぼると伝えられ、7 世紀のイスラム勢力侵攻後、この地方の中心都市となっていた。アルダビールが特筆されるのは、のちにサファヴィー朝を樹立するイスラム神秘主義教団発祥の地であること。街の中心

Ardabil
アルダビール
أردبيل

には 14 世紀に建てられた教祖シェイフ・サフィー・オッディーンの霊廟が残っている。

16 世紀から 200 年続くサファヴィー朝の時代、首都はタブリーズ、ガズヴィーン、イスファハンと遷ったが、王家発祥の地であるアルダビールは聖地と見られていた。現在、シェイフ・サフィー・オッディーンの霊廟は世界遺産に指定され、多くの巡礼者を集めている。

【まちごとアジア】

イラン 010 アルダビール

ASIA
イラン

目次

アルダビール…………………………………………………………xvi

サファヴィー家発祥の聖地 …………………………………xxiv

アルダビール城市案内 …………………………………………xxxi

郊外城市案内…………………………………………………………xliv

宗教集団から王朝へ………………………………………………li

【MEMO】

Ardabil
アルダビール

【地図】イラン

ASIA
イラン

【地図】イラン北西部

ASIA
イラン

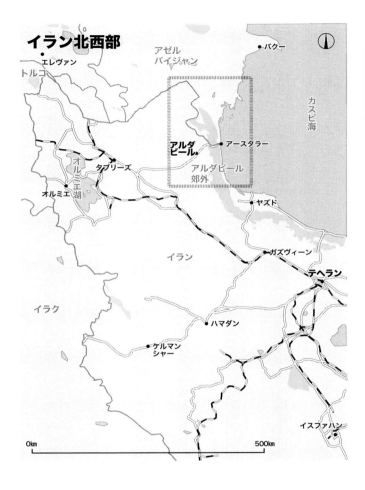

サファヴィー家発祥の地

ASIA
イラン

東アゼルバイジャン州から分離したアルダビール州の州都
シーア派の国教化をはじめ、現在のイランへの道筋をつけた
サファヴィー朝発祥の地として名高い

アゼルバイジャンとの国境に近い街

アルダビール州をふくむアゼルバイジャン地方は、イラン北西部とイラン北方のアゼルバイジャン共和国からなる。19世紀にイランとロシアのあいだで国境がひかれるまで、この地方は言語、民族、宗教などで文化的なまとまりをもっていた。アルダビールでは、隣国と同じくトルコ系のアゼリー人が暮らし、バザールではトルコ語が飛び交っている。

サファヴィー教団発祥の地

アルダビールとは「聖なる街」を意味し、イスラム神秘主義

Ardabil

サファヴィー家発祥の聖地

▲左 サルエインでは温泉がわく。 ▲右 世界遺産にも指定されているシェイフ・サフィー廟

教団のサファヴィー教団発祥の地として知られる。12世紀ごろからイスラム世界では、スーフィーと呼ばれる神と人々のあいだをとりもつ聖者が台頭し、14世紀はじめ、サフィー・オッディーンは師から受け継ぐかたちで教団の教主となった。教主の座はその子孫に受け継がれ、やがて教団は武装化して1501年、サファヴィー朝が樹立された（サファヴィーとは「サフィー家の人々」という意味）。都がタブリーズ、ガズヴィーン、イスファハンと遷されたのちもサファヴィー家の故地として、18世紀までアルダビールの重要性は変わることがなかった。

ASIA
イラン

サファヴィー朝から現代イランへ

1501〜1732年までイランにあったサファヴィー朝ペルシャは、現在のイランへつながる道筋をつくった王朝として重視されている。1501年にタブリーズに入城して王朝を樹立したイスマイル1世はシーア派の国教化を宣言し、このことでイランにシーア派が広まるようになった（現在のイランの人々がおもに信仰する宗派で、イスラム教では少数派）。イスラム神秘主義教団の教主であったサファヴィー家は、第7代イマームの子孫であることを強調し、宗教指導者が信仰対象になるシーア派へ傾斜していった。

【地図】アルダビール

【地図】アルダビールの ［★★★］
- [ ] シェイフ・サフィー・オッディーン廟
  Mausoleum of Sheikh Safi Oddin

【地図】アルダビールの ［★★☆］
- [ ] 旧市街 Old City
- [ ] バザール Bazar

【地図】アルダビールの ［★☆☆］
- [ ] イェッディ・ゴズ橋 Yeddi Goz Bridge

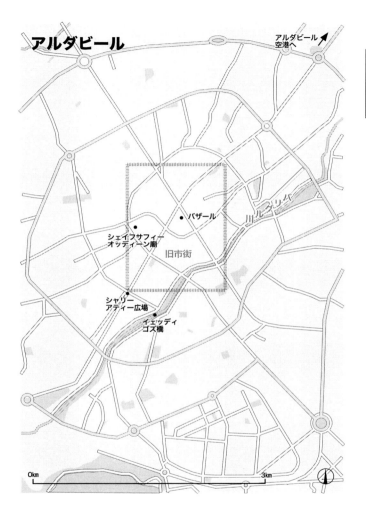

【MEMO】

ASIA
イラン

Guide, Ardabil
アルダビール城市案内

高原地帯にあるアルダビールは夏でも過ごしやすい
イマーム・ホセイン広場から放射状に道が伸び
街の中心部にシェイフ・サフィーの霊廟が位置する

旧市街 Old City ［★★☆］

シェイフ・サフィー・オッディーン廟を中心に広がるアルダビールの旧市街。サファヴィー朝の故地となった16〜18世紀以来の伝統をもつバザールや街区を残す（アルダビールの歴史はササン朝時代にさかのぼり、13世紀にモンゴルの破壊を受けた）。

【地図】旧市街

【地図】旧市街の [★★★]
- [ ] シェイフ・サフィー・オッディーン廟
  Mausoleum of Sheikh Safi Oddin

【地図】旧市街の [★★☆]
- [ ] 旧市街 Old City
- [ ] バザール Bazar

【地図】旧市街の [★☆☆]
- [ ] 博物館 Museum
- [ ] ミールザ・アリー・アクバル・モスク
  Mirza Ali Akbar Mosque
- [ ] 聖マリア教会 Maryam-e Moghaddas

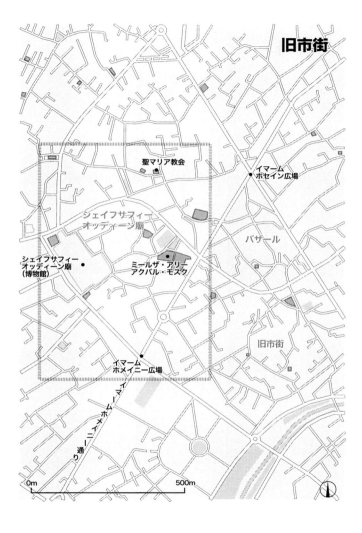

【地図】シェイフサフィーオッディーン廟の ［★★★］

- [ ] シェイフ・サフィー・オッディーン廟
  Mausoleum of Sheikh Safi Oddin

【地図】シェイフサフィーオッディーン廟の ［★☆☆］

- [ ] 博物館 Museum
- [ ] ミールザ・アリー・アクバル・モスク
  Mirza Ali Akbar Mosque
- [ ] 聖マリア教会 Maryam-e Moghaddas

ASIA
イラン

シェイフ・サフィー・オッディーン廟
Mausoleum of Sheikh Safi Oddin [★★★]

のちの時代にサファヴィー朝を樹立するサファヴィー教団の初代教主シェイフ・サフィー・オッディーンの霊廟。彼の跡を継いだ第2子サドル・オッディーンによって14世紀に建立され、円筒形の本体にドームが載る特徴的な建物となっている。サフィー・オッディーン（1252～1334年）は、アルダビールにあったイスラム神秘主義教団の教主だったシェイフ・ザーヒドの弟子だったが、師の死後、教団を譲り受けた（師の娘婿だったため）。以後、サフィー・オッディーンの子孫が教団の主をつとめ、時代がくだ

Ardabil アルダビール城市案内

ると教団は教主がシーア派第7代イマームの血をひく血統であることを主張するようになった。またトルコ系の軍事集団を教団にとりこんで勢力を広げ、1501年にはこの教団をもとにした王朝（サファヴィー朝）が樹立された。霊廟のほか、モスク、学校、図書館、台所、貯水池などからなる複合施設で世界遺産にも指定されている。

ASIA
イラン

奇跡が起こる聖域

サファヴィー家発祥の地であるアルダビールは、王朝の都がガズヴィーンやイスファハンに遷されたのちも神聖視され続けた。とくに「地上の楽園」とたたえられたイスファハンの新首都を造営したアッバース1世は1591年、92年、93年、96年と足しげくシャイフ・サフィー廟に訪れている。この聖地では、アッバース1世が台所に入ると、鍋のふたが急にもちあがって大きな音とともに落ちたり、王が扉に手をふれただけで錠がかけられた扉が開いたといった奇跡も伝えられている。

▲左　ドームが寄りそう美しいたたずまい。　▲右　レンガで組まれた重厚感ある建築

博物館 Museum ［★☆☆］

シェイフ・サフィー・オッディーン廟の内部は博物館になっていて、とくにアッバース1世が集めたという中国陶器が特筆される（1949年、ロシア国境に近いこの街から、テヘランの国立博物館に大部分がうつされた）。17世紀、イスファハンの宮殿にあった財宝の数々がこのアルダビールに運ばれ、中国陶器を安置する部屋はチニ・ハーネと呼ばれていた。また現在、ペルシャ絨毯の傑作として知られるアルダビール絨毯は、16世紀、サファヴィー朝第2代タハマスブの命でつくられ、完成後、この霊廟におさめられたことからその名前がつけられた（現在、イギリスのロンド

ンにある)。

バザール Bazar［★★☆］

街の中心にあたるイマーム・ホセイン広場に面したアルダビールのバザール。屋根でおおわれ、細い路地の両脇に店が軒をつらねる。近郊でとれるリンゴやナシなどの果実もアルダビール名物として知られる。

ミールザ・アリー・アクバル・モスク
Mirza Ali Akbar Mosque ［★☆☆］

旧市街に立つミールザ・アリー・アクバル・モスク。近くのバザールとともに、人々の生活の一部である礼拝の場となってきた。

聖マリア教会 Maryam-e Moghaddas ［★☆☆］

旧市街の一角に立つ聖マリア教会。19世紀に創建されたアルメニア正教の教会となっている。

ASIA
イラン

イェッディ・ゴズ橋 Yeddi Goz Bridge ［★☆☆］
アルダビールを流れるバリグル川にかかるイェッディ・ゴズ橋。サファヴィー朝時代（1501〜1736年）に創建され、イェッディ・ゴズ橋を7つの美しいアーチを水面に描く。

【MEMO】

Ardabil アルダビール城市案内

Guide, Around Ardabil
郊外
城市案内

温泉のわくサル・エイン
アゼルバイジャン国境の街アースタラー
カスピ海の沿岸地帯

サル・エイン Sar Eyn [★★☆]

アルダビールの西29kmに位置する避暑地サル・エイン。標高4810mのサバラーン山麓にあり、温泉がわきたつことで知られている。またはちみつの栽培が有名なほか、この地方の名物料理アーシェ・マースト（ヨーグルトを煮たスープ）の人気も高い。

▲左　道はイランからトルコやアゼルバイジャンへと続いていく。　▲右　夕陽が山をそめあげる

アースタラー Astara［★★☆］

イランとアゼルバイジャン共和国の国境に位置するカスピ海沿岸の町アースタラー。アラス川をはさんで両国にまたがり、国境の北ではペルシャ語やトルコ語のほかにロシア語の看板が見える（アゼルバイジャン共和国は旧ソ連を構成していた）。この街では定期的にロシア・バザールが開かれ、カスピ海でとれる幸のほか、ロシア産の品々が手に入る。

【地図】アルダビール郊外

【地図】アルダビール郊外の [★★★]
- [ ] シェイフ・サフィー・オッディーン廟
  Mausoleum of Sheikh Safi Oddin

【地図】アルダビール郊外の [★★☆]
- [ ] サル・エイン Sar Eyn
- [ ] アースタラー Astara

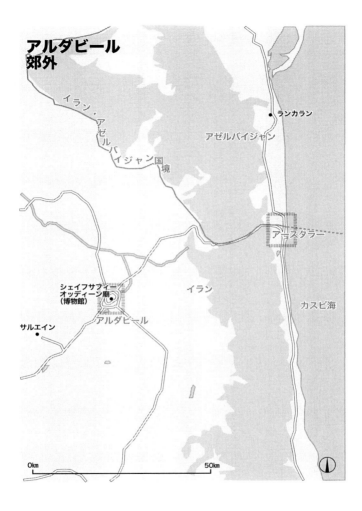

【地図】アースタラー

【地図】アースタラーの [★★☆]
☐ アースタラー Astara

ASIA
イラン

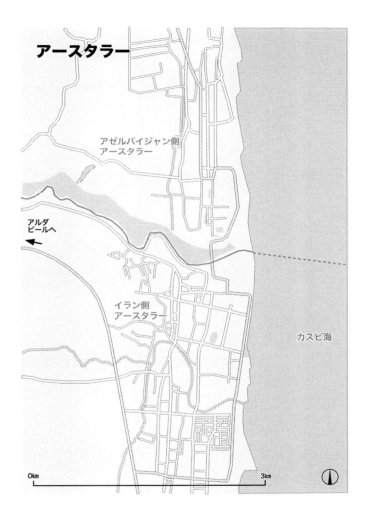

宗教集団から王朝へ

イスラム神秘主義教団として信者を集めていたサファヴィー家
やがて王家は武装をはじめ
トルコ系軍事集団の力を得て王朝を樹立した

教団の武装化

サファヴィー教団の教主であったイスマイル1世によって1501年に樹立されたサファヴィー朝。イスマイル1世の祖父であるジュナイドの時代にそれまでの教団と方針が大きく変わった。教主への争いからやぶれたジュナイドは、アナトリア東で遊牧生活を送っていたトルコ系の遊牧民の協力を得てアルダビールに戻り、1447年、5代目教主の座についた(またイマームの子孫で、教主はイマームの再来であるという思想が喧伝された)。ジュナイドの子ハイダルは、赤い印をもつターバンを配下の部族に着用させ、そこから「赤い頭」を

ASIA
イラン

意味するキズルバシュと呼ばれる軍事集団が活躍するようになった。

タブリーズで王朝樹立

15世紀、アゼルバイジャン地方をおさめていた白羊朝の勢力との戦いのなかで、サファヴィー教主のジュナイド、ハイダルともに生命を落とすことになった。ハイダルの子イスマイル1世は、カスピ海南岸のギーラーン地方で力をたくわえ、1499年、ラシュトで挙兵した。白羊朝はすでに弱体化しており、トルコ系騎馬民族の力を集めて、1501年、タブリー

17世紀の東方イスラム世界

各王朝とも時代によって領土が異なる

オスマン帝国
(1299〜1922年)

トルコ系遊牧国家

サファヴィー朝
(1501〜1732年)

ムガル帝国
(1526〜1858年)

ズへ入城した(ここでサファヴィー朝が樹立)。以後、第2代タハマスブの時代にタブリーズからガズヴィーン、第5代アッバース1世の時代にイスファハンへ遷都され、サファヴィー朝は1732年にいたるまでの200年、イラン高原に覇をとなえた。

ASIA
イラン

サファヴィー朝とその時代

サファヴィー朝が建国された16世紀前半のイスラム世界は、大きな変革期にあったと言われる。インドにムガル帝国、イランにサファヴィー朝、中央アジアにウズベク族、アナトリアにオスマン帝国といった勢力が台頭し、現在につながる国家群が形成されようとしていた（サファヴィー朝は隣国オスマン帝国とのあいだでたびたび争い、アルダビールとその周辺を残して、北西イランを割譲されることもあった）。サファヴィー朝が黄金期を迎えた17世紀は、イランにアッバース1世、トルコにスレイマン帝、インドにアクバル帝といった

Ardabil 宗教集団から王朝へ

▲左　サファヴィー朝の都イスファハン、「世界の半分」とたたえられた。
▲右　紅帽をつけたキズルバシュ、王朝の軍事力をになった

名君がならび立つ時代でもあった。

参考文献

───

『世界の歴史15 成熟のイスラーム社会』(羽田正 / 中央公論社)

『イスラーム世界の奴隷軍人とその実像』(前田弘毅 / 明石書店)

『旧アルデビル・コレクションの中国磁器』(三杉隆敏 / 芸術新潮)

『イラン史』(蒲生礼一 / 修道社)

『世界大百科事典』(平凡社)

まちごとパブリッシングの旅行ガイド
Machigoto INDIA , Machigoto ASIA , Machigoto CHINA

【北インド - まちごとインド】

001 はじめての北インド
002 はじめてのデリー
003 オールド・デリー
004 ニュー・デリー
005 南デリー
012 アーグラ
013 ファテープル・シークリー
014 バラナシ
015 サールナート
022 カージュラホ
032 アムリトサル

【西インド - まちごとインド】

001 はじめてのラジャスタン
002 ジャイプル
003 ジョードプル
004 ジャイサルメール
005 ウダイプル
006 アジメール（プシュカル）
007 ビカネール
008 シェカワティ
011 はじめてのマハラシュトラ
012 ムンバイ
013 プネー
014 アウランガバード
015 エローラ
016 アジャンタ
021 はじめてのグジャラート
022 アーメダバード
023 ヴァドダラー（チャンパネール）
024 ブジ（カッチ地方）

【東インド - まちごとインド】

002 コルカタ
012 ブッダガヤ

【南インド - まちごとインド】

001 はじめてのタミルナードゥ
002 チェンナイ
003 カーンチプラム
004 マハーバリプラム
005 タンジャヴール
006 クンバコナムとカーヴェリー・デルタ
007 ティルチラパッリ
008 マドゥライ
009 ラーメシュワラム
010 カニャークマリ
021 はじめてのケーララ
022 ティルヴァナンタプラム
023 バックウォーター（コッラム～アラップーザ）
024 コーチ（コーチン）
025 トリシュール

【ネパール - まちごとアジア】

001 はじめてのカトマンズ
002 カトマンズ
003 スワヤンブナート

004 パタン
005 バクタプル
006 ポカラ
007 ルンビニ
008 チトワン国立公園

【バングラデシュ - まちごとアジア】

001 はじめてのバングラデシュ
002 ダッカ
003 バゲルハット（クルナ）
004 シュンドルボン
005 プティア
006 モハスタン（ボグラ）
007 パハルプール

【パキスタン - まちごとアジア】

002 フンザ
003 ギルギット（KKH）
004 ラホール
005 ハラッパ
006 ムルタン

【イラン - まちごとアジア】

001 はじめてのイラン
002 テヘラン
003 イスファハン
004 シーラーズ
005 ペルセポリス
006 パサルガダエ（ナグシェ・ロスタム）
007 ヤズド
008 チョガ・ザンビル（アフヴァーズ）
009 タブリーズ
010 アルダビール

【北京 - まちごとチャイナ】

001 はじめての北京
002 故宮（天安門広場）
003 胡同と旧皇城
004 天壇と旧崇文区
005 瑠璃廠と旧宣武区
006 王府井と市街東部
007 北京動物園と市街西部
008 頤和園と西山
009 盧溝橋と周口店
010 万里の長城と明十三陵

【天津 - まちごとチャイナ】

001 はじめての天津
002 天津市街
003 浜海新区と市街南部
004 薊県と清東陵

【上海 - まちごとチャイナ】

001 はじめての上海
002 浦東新区
003 外灘と南京東路
004 淮海路と市街西部
005 虹口と市街北部
006 上海郊外（龍華・七宝・松江・嘉定）
007 水郷地帯（朱家角・周荘・同里・甪直）

【河北省 - まちごとチャイナ】

001 はじめての河北省
002 石家荘
003 秦皇島
004 承徳
005 張家口
006 保定
007 邯鄲

【江蘇省 - まちごとチャイナ】

001 はじめての江蘇省
002 はじめての蘇州
003 蘇州旧城
004 蘇州郊外と開発区
005 無錫
006 揚州
007 鎮江
008 はじめての南京
009 南京旧城
010 南京紫金山と下関
011 雨花台と南京郊外・開発区
012 徐州

【浙江省 - まちごとチャイナ】

001 はじめての浙江省
002 はじめての杭州
003 西湖と山林杭州
004 杭州旧城と開発区
005 紹興
006 はじめての寧波
007 寧波旧城
008 寧波郊外と開発区
009 普陀山
010 天台山
011 温州

【福建省 - まちごとチャイナ】

001 はじめての福建省
002 はじめての福州
003 福州旧城
004 福州郊外と開発区
005 武夷山
006 泉州
007 厦門
008 客家土楼

【広東省 - まちごとチャイナ】

001 はじめての広東省
002 はじめての広州
003 広州古城
004 天河と広州郊外
005 深圳（深セン）
006 東莞
007 開平（江門）
008 韶関
009 はじめての潮汕
010 潮州
011 汕頭

【遼寧省 - まちごとチャイナ】

001 はじめての遼寧省
002 はじめての大連
003 大連市街
004 旅順
005 金州新区

006 はじめての瀋陽
007 瀋陽故宮と旧市街
008 瀋陽駅と市街地
009 北陵と瀋陽郊外
010 撫順

【重慶 - まちごとチャイナ】

001 はじめての重慶
002 重慶市街
003 三峡下り（重慶〜宜昌）
004 大足

【香港 - まちごとチャイナ】

001 はじめての香港
002 中環と香港島北岸
003 上環と香港島南岸
004 尖沙咀と九龍市街
005 九龍城と九龍郊外
006 新界
007 ランタオ島と島嶼部

【マカオ - まちごとチャイナ】

001 はじめてのマカオ
002 セナド広場とマカオ中心部
003 媽閣廟とマカオ半島南部
004 東望洋山とマカオ半島北部
005 新口岸とタイパ・コロアン

【Juo-Mujin（電子書籍のみ）】

Juo-Mujin 香港縦横無尽
Juo-Mujin 北京縦横無尽
Juo-Mujin 上海縦横無尽

【自力旅游中国 Tabisuru CHINA】

001 バスに揺られて「自力で長城」
002 バスに揺られて「自力で石家荘」
003 バスに揺られて「自力で承徳」
004 船に揺られて「自力で普陀山」
005 バスに揺られて「自力で天台山」
006 バスに揺られて「自力で秦皇島」
007 バスに揺られて「自力で張家口」
008 バスに揺られて「自力で邯鄲」
009 バスに揺られて「自力で保定」
010 バスに揺られて「自力で清東陵」
011 バスに揺られて「自力で潮州」
012 バスに揺られて「自力で汕頭」
013 バスに揺られて「自力で温州」

【車輪はつばさ】
南インドのアイラヴァテシュワラ寺院には建築本体に車輪がついていて寺院に乗った神さまが人びとの想いを運ぶと言います。

・本書はオンデマンド印刷で作成されています。
・本書の内容に関するご意見、お問い合わせは、発行元の
　まちごとパブリッシング info@machigotopub.com までお願いします。

まちごとアジア
イラン010アルダビール
～サファヴィー教主の眠る「聖都」[モノクロノートブック版]

2017年11月14日　発行

著　者	「アジア城市（まち）案内」制作委員会
発行者	赤松　耕次
発行所	まちごとパブリッシング株式会社
	〒181-0013　東京都三鷹市下連雀4-4-36
	URL　http://www.machigotopub.com/
発売元	株式会社デジタルパブリッシングサービス
	〒162-0812　東京都新宿区西五軒町11-13
	清水ビル3F
印刷・製本	株式会社デジタルパブリッシングサービス
	URL　http://www.d-pub.co.jp/

MP056

ISBN978-4-86143-190-6 C0326　　　Printed in Japan
本書の無断複製複写（コピー）は、著作権法上での例外を除き、禁じられています。